1

GARDE MOBILE DU JURA

(EX-55ᵐᵉ RÉGIMENT DE MARCHE)

OPÉRATIONS MILITAIRES

PENDANT LES CAMPAGNES

DES VOSGES, DE LA LOIRE ET DE L'EST

(1870-1871)

PAR

M. le Comte DE VAULCHIER

COMMANDANT

POLIGNY

IMPRIMERIE DE G. MARESCHAL

1874

GARDE MOBILE DU JURA

(EX-55ᵐᵉ RÉGIMENT DE MARCHE)

OPÉRATIONS MILITAIRES

PENDANT LES CAMPAGNES DES VOSGES, DE LA LOIRE ET DE L'EST

(1870-1871)

Ce fut le 10 août 1870 que l'autorité militaire réunit à Lons-le-Saunier, pour la première fois, les cadres payés de la garde mobile du Jura. Ces cadres devaient comporter, par bataillon, un commandant, tous les officiers subalternes, tous les sergents-majors, un sergent-instructeur et un tambour par compagnie. Mais le cadre des capitaines était seul complet et il y avait encore de nombreuses vacances dans les autres grades, surtout parmi les lieutenants et sous-lieutenants. Ces grades, auxquels la loi de 1868 n'attachait aucune solde en temps de paix, avaient trouvé peu d'amateurs, et les anciens sous-officiers de l'armée, qui auraient pu si facilement y rendre de grands services, préféraient tous s'engager comme sergents-majors ou sergents-instructeurs : ils étaient effrayés des dépenses que, comme officiers, l'habillement et l'équipement leur auraient imposé. On fut obligé, pour compléter ces cadres, d'avoir recours à de jeunes gens que leur fortune personnelle mettait au-dessus de ces considérations. Ils étaient pour la plupart sans aucune instruction militaire ; les sous-officiers, sergents-majors et instructeurs n'eurent guère pour eux que du mépris ; les hommes même leur obéissaient difficilement et le service en souffrit.

11-12 août. — Les cadres de sous-officiers et tambours furent logés au lycée de Lons-le-Saunier. Ces deux jours se passèrent à s'organiser, à reconnaître quels étaient parmi les sous-officiers les meilleurs instructeurs, etc.

13. — Les cadres du 1ᵉʳ bataillon partirent par le chemin de fer pour Dole, où ils devaient recevoir l'effectif en hommes et s'organiser autant que faire se pourrait.

14-20. — Pendant ces jours, les hommes commencèrent à arriver et quoique cette besogne se fît assez irrégulièrement, le bataillon fut au complet aux environs du 20. On s'occupa aussi fort activement à compléter le cadre des lieutenants et sous-lieutenants, et on y parvint par les moyens déjà indiqués; aussi le résultat laissa-t-il beaucoup à désirer.

Le bataillon était commandé par M. le baron Le Pin. Cet officier supérieur n'avait pas servi. Le Ministre de la guerre l'avait préféré à plusieurs autres candidats à cause de sa position personnelle dans le pays, où le bataillon s'était recruté, de son honorabilité parfaite et de sa grande fortune.

Sur les huit capitaines, deux avaient servi en cette qualité dans la ligne, quatre avaient été sous-officiers, deux n'avaient jamais servi que comme officiers de sapeurs-pompiers.

Parmi les lieutenants et sous-lieutenants, trois seulement avaient servi. Les sergents-majors et instructeurs sortaient tous des sous-officiers de l'armée.

Les cadres de sous-officiers et caporaux furent complétés au moyen de quelques engagés volontaires et surtout de jeunes mobiles que l'on reconnut, au bout de quelques jours, comme les plus aptes à remplir ces grades.

Le quartier de cavalerie avait été assigné au bataillon comme casernement, mais toute la literie en avait été précédemment enlevée. On s'adressa à la bonne volonté des habitants, qui fournirent gratuitement de quoi coucher environ une compagnie. La 1re fut donc casernée, les 7 autres logées chez l'habitant. Ce système, essentiellement vicieux, fut la cause la plus efficace des absences qui, surtout le matin, se sont toujours manifestées à Dole pendant les exercices, pourtant si nécessaires.

Du 21 août au 7 septembre. — On poussa le plus possible l'instruction du bataillon; mais le temps manquait, et les capitaines, forcés de rendre immédiatement leurs compagnies aptes à faire campagne, durent passer beaucoup trop rapidement sur les principes fondamentaux de l'école du soldat. Les hommes se ressentirent toujours de cette précipitation forcée : beaucoup d'entre eux, en effet, exécutaient déjà toute l'école de bataillon, qui ne savaient encore pas faire un demi-tour à droite correctement.

Un des capitaines du bataillon fut chargé de faire la théorie pratique aux lieutenants et sous-lieutenants qui n'avaient pas servi.

On habilla le bataillon de médiocres vareuses noires, de mauvais képys et de détestables pantalons gris, le tout fourni par les soins du département. Quant aux souliers, on en toucha quelques paires, mais toujours de pointures trop petites, les magasins de l'armée, ne tablant que sur la pointure ordinaire des troupes d'infanterie, tandis que la droite des compagnies du bataillon se composait d'hommes qui auraient appartenu à la grosse cavalerie ou à l'artillerie s'ils fussent tombés au sort. Il en résulta que le quart des effectifs ne fut chaussé que fort longtemps après.

Le bataillon fut inspecté par le colonel d'infanterie Sauterot, chargé de cette mission par le ministère de la guerre. Cet officier supérieur fut satisfait des progrès que, vu le peu de temps, les hommes avaient faits dans l'école de peloton.

Du 8 septembre au 6 octobre. — Le bataillon partit pour Besançon par le chemin de fer. Cette ville était encombrée de troupes et le bataillon dut être divisé. La 1re compagnie fut cantonnée aux halles, la 2me et la 3me au grenier de la ville, la 4me et la 5me à la caserne d'Arène, la 7me et la 8me à l'ancien couvent des Petits-Carmes, rue Battant.

L'instruction du bataillon fut poussée le plus vigoureusement possible pendant ce temps. On faisait toujours au moins cinq heures d'exercice tous les jours et l'école de bataillon deux fois par semaine. Les manœuvres manquaient et ont toujours manqué de précision, mais pourtant les hommes en savaient assez pour que les mouvements fussent au moins esquissés.

On toucha des chassepots à l'arsenal de Besançon : l'industrie privée fournit de bons ceinturons noirs, de mauvaises cartouchières de toile et d'exécrables sacs, dont beaucoup ne supportèrent pas une seule étape.

En arrivant à Besançon, le bataillon fut enrégimenté avec le 2me bataillon du Jura, sous le nom de 55me régiment de marche, et placé sous les ordres du lieutenant-colonel de Montravel, capitaine de dragons démissionnaire, puis commandant le 2me bataillon du Jura. Ce 2me bataillon, commandant de Froissard, fut cantonné au Lycée et au Séminaire de Besançon.

Ici se place l'exécution de cette funeste mesure qui, appliquée partout, eût amené la dissolution ou du moins la désorganisation de la mobile. L'élection des officiers par leurs hommes, prescrite par le ministère, ôtait aux supérieurs toute autorité, coupait court à tout avancement et à toute envie de se distinguer. Enfin, elle donnait lieu à mille fâcheuses manœuvres électorales essentiellement contraires à la discipline militaire. L'autorité reconnut promptement l'abus et révoqua ses ordres;

mais, dans beaucoup de cas, le mal était déjà fait. Au 1er bataillon du Jura, grâce à sa solide organisation et à l'esprit militaire des Comtois, les résultats furent moins désastreux qu'ailleurs. Le commandant et tous les capitaines furent confirmés dans leurs grades par le vote des hommes. Ceux des lieutenants et sous-lieutenants qui ne furent pas conservés furent généralement remplacés par d'anciens sous-officiers de l'armée qui, s'ils manquaient de l'éducation désirable pour un officier, avaient du moins une instruction pratique fort complète.

L'autorité prescrivit la formation d'un dépôt du régiment à Lons-le-Saunier. Le 1er et le 2me bataillon y envoyèrent chacun le cadre de sa 8me compagnie, destinés à former le noyau de ce dépôt. L'effectif du bataillon fut ainsi réduit à 1030 hommes.

7 octobre. — Le bataillon partit pour Remiremont (Vosges), par le chemin de fer. On passa par Dole, Auxonne, Gray et la ligne de l'Est.

8. — Arrivés à Epinal vers 4 heures du matin, on envoya les corvées au pain et on repartit, toujours en chemin de fer, pour Remiremont. La troupe y mangea et en repartit à pied pour Gerardmer. L'étape était de 28 kilomètres et fut franchie environ en 6 heures. Le temps était fort mauvais : on arriva à nuit close à Gerardmer. Rien n'avait été préparé pour le logement des troupes. On dut laisser les hommes se cantonner à leur guise dans la ville, précédent déplorable et qui se renouvela souvent.

Le 55me régiment de marche faisait alors partie de l'armée de l'Est, ayant pour général en chef le général Cambriels. La colonne à laquelle le régiment était attaché obéissait aux ordres du capitaine d'artillerie Perrin, lieutenant-colonel auxiliaire et faisant fonctions de général de brigade. La bataille de La Burgonce était déjà livrée et perdue, mais le régiment était encore en seconde ligne, les troupes françaises occupant Gerbepal et le Plafond, en avant de Gerardmer.

9. — L'ordre avait été donné pendant la nuit de mettre sac au dos de très-bonne heure, mais l'ignorance où étaient les officiers des cantonnements de leurs hommes retarda le départ jusqu'à sept heures environ. Le régiment reçut l'ordre de laisser ses sacs à Gerardmer et fut dirigé sur le défilé des Cuves et le pont des Fées. De là, le 2me bataillon, commandant Perrard, dirigé par le colonel, alla occuper la vallée de Clefcy. Le 1er bataillon marcha par le grand et le petit Valtin, où il s'arrêta vers 10 heures du matin. L'ordre était d'y surveiller la route de St-Dié, les cols du Lutschbach et du Bonhomme. Le temps était fort mauvais ; les troupes percées et transies, n'ayant touché

aucuns vivres à Gerardmer, obéissaient difficilement. On établit pourtant des postes d'observation en nombre suffisant autour du Valtin. Vers 2 heures, le bataillon reçut l'ordre de prendre la route de Plainfaing, où il arriva à nuit close et par un temps épouvantable. Rien n'ayant été prévu pour le logement de la troupe, elle se cantonna, comme la veille, à sa guise. Le 2me bataillon resta vers Bans-sur-Meurthe, dans la vallée qui s'étend parallèlement et à gauche de celle du Valtin.

Pendant ce temps, l'ennemi s'était établi à St-Dié et avait poussé ses grand'gardes jusqu'à 6 kilomètres environ de Plainfaing. Le colonel en ayant été averti, voulut que le bataillon se gardât du côté de l'ennemi ; mais à cause des moyens vicieux adoptés pour le cantonnement et signalés ci-dessus, il fût impossible de réunir même une compagnie. La nuit se passa pourtant sans attaque.

10. — Le 2me bataillon ayant été attaqué dans la matinée, le 1er bataillon reçut immédiatement du colonel l'ordre de battre en retraite par le Valtin, où l'on arriva à midi : on reprit les positions que l'on avait occupées le 9. Le temps était toujours fort mauvais, on n'avait toujours pas touché de vivres, le quart des compagnies n'avait point encore de souliers, et les sacs ayant été laissés par ordre à Gerardmer, les hommes n'avaient rien de ce qui leur fallait. La pluie s'étant transformée en neige vers le soir, le commandant, voyant les mauvaises dispositions de la troupe, se décida à reprendre le chemin de Gerardmer. A environ moitié chemin, on rencontra un capitaine d'état-major qui apportait l'ordre de continuer à occuper le Valtin. On eut beaucoup de peine, par les raisons énoncées plus haut, à faire retourner les hommes. Un grand nombre se débanda et vint chercher des vivres à Gerardmer. On réussit pourtant à regagner le Valtin avec une force à peu près suffisante : on cantonna régulièrement la troupe compagnie par compagnie, on établit des grand'gardes convenables. On détacha enfin deux compagnies, la 5me, capitaine Meux, et la 7me, capitaine Papillard, dans la vallée de Clefcy, pour appuyer le 2me bataillon qui, vivement attaqué le matin, avait été fortement ébranlé. Bans-sur-Meurthe était toujours le point central de cette position : l'ennemi n'en était pas à plus de 2 kilomètres.

11. — Beaucoup de fuyards étant rentrés, on reprit les positions du 9 et du 10, positions du reste très-faciles à défendre et où le bataillon eut pu tenir en échec une force très-supérieure. Les vivres manquant toujours complètement, le commandant se décida à réquisitionner une

vache, mais le pain manquait toujours, et le pays, fort pauvre, n'en pouvait point fournir. Vers midi, l'ordre arriva de reprendre la route de Gerardmer. Au défilé des Cuves, le régiment se trouva réuni tout entier et prit ses dispositions pour bivouaquer face à l'ennemi, la gauche en tête, le dos au pont des Fées, à environ 3 kilomètres de Gerardmer. Il n'y avait pas d'autres troupes à droite et à gauche. En avant, à Gerbepal, était le 32me de marche, en arrière, entre le pont des Fées et Gerardmer, le 47me de marche, ex-légion romaine. La nuit se passa tranquillement : vers 2 heures du matin, un capitaine-adjudant-major du 32me de marche vint à cheval par la route de Gerbepal pour traverser nos lignes. Arrêté par les grand'gardes, il se refusa à donner aucun mot d'ordre ni aucune explication. On le mena au commandant, qui le relâcha après avoir acquis la certitude qu'il appartenait à l'armée française. On le ramena aux grand'gardes, d'où il reprit la route de Gerbepal.

12. — On reçut l'ordre de quitter la position et de battre en retraite : le bataillon du 32me de marche, qui occupait Gerbepal, se replia le premier et fut suivi à 10 heures du matin par le 55me (Jura).

Pendant l'expédition du Valtin, les sacs des hommes, laissés à Gerardmer, avaient été pillés par les francs-tireurs et d'autres troupes françaises. La moitié des hommes ne les retrouva plus; les livrets qu'ils contenaient furent perdus. Il en résulta une grande difficulté pour l'établissement de la masse individuelle des hommes. Puis les hommes, n'ayant pas de sacs, se refusaient à porter les marmites, bidons et gamelles de campement. Ce fâcheux état de choses dura jusqu'au milieu de décembre. Le régiment fut acheminé par Gerardmer sur la Bresse, où il arriva vers 4 heures du soir et où il fut cantonné. Le col qui mène à Gerardmer fut gardé soigneusement, car c'est par là que l'ennemi eut pu poursuivre. On commença à distribuer de la viande et du pain.

13. — A 3 heures du matin, on battait la générale. L'ennemi, disait-on, ayant occupé Epinal dès la veille, devait couper la retraite à notre armée au Tillot, où il devait arriver par la vallée qui s'étend de Remiremont au Tillot. Il s'agissait donc d'y arriver avant lui. Le régiment fut au plus vite dirigé par Cornimont sur le Tillot, où il arriva à 11 heures du matin. Après une halte d'une heure, on repartit pour la Haute-Saône par le col qui mène à Servance, où l'on arriva à 5 heures du soir. On poussa jusqu'à Ternuay, où l'on devait cantonner. A peine arrivé, on reçut l'ordre de repartir de suite pour Lure, ce qui portait

à environ 70 kilom. l'étape de ce jour. Aucune distribution n'avait été faite : la troupe mourait de faim et de fatigues. Vers minuit, à quelques kilomètres de Lure, alors que le régiment passait à Melisey, le général Cambriels le fit arrêter pour y passer la nuit. Le village renfermant déjà une grande quantité de troupes, chacun s'abrita comme il put pour passer la nuit à couvert de la pluie torrentielle qui tombait.

14. — L'armée du général Cambriels s'ébranla sur trois colonnes pour aller se concentrer à Besançon. Le régiment fit partie de celle de gauche, dite colonne Perrin, du nom du colonel qui la commandait ; elle s'avança par Athesans et Andornay. Partie de Melisey vers 6 heures du matin, elle n'arriva au cantonnement de Mignavillers qu'à 4 heures du soir. Le désordre pendant cette journée fut inexprimable. Les régiments, sans cesse rompus par des convois de poudre et de matériel, furent bientôt dispersés et mêlés. La fatigue et quelquefois la mauvaise volonté aidant, il devint bientôt impossible de se retrouver, et si l'ennemi eût poursuivi, on n'eût pu trouver dix hommes à mettre en ligne.

15. — La marche continua dans le même désordre. Le régiment, parti de Mignavillers à 7 heures du matin, passa par Vellechevreux et Fallon, fit une halte de 2 heures à Abbenans et alla coucher à Baume-les-Dames, où il arriva à 8 heures du soir. Aucuns préparatifs n'ayant été faits et la ville étant déjà encombrée de troupes, on dut cantonner le bataillon dans l'église. Le désordre avait été ce jour-là plus grand encore que la veille.

16. — Le régiment reprit sa marche par Roulans, où il fit grande halte sur Besançon, distant de 30 kilom. Au moment où il atteignait sa banlieue, deux ordres contradictoires lui furent donnés relativement à la place qu'il devait occuper durant cette nuit. On dut envoyer chercher des ordres au quartier général, qui envoya camper le régiment dans les barraquements du quartier St-Paul, à Besançon.

17. — Le bataillon fut envoyé cantonner à Palente, en avant de Besançon, direction N.-O., à cheval sur la route de Montbozon. Sa droite s'appuyait au 2me bataillon, cantonné à Chalezeule, et sa gauche au 85me de ligne (50me de marche). Le bataillon se trouvait ainsi en première ligne, éclairé par une grand'garde placée sur la route de Montbozon, au bord de la forêt de Chailluz.

18-19. — Il y eut quelques alertes, les habitants du pays signalant souvent des reconnaissances prussiennes dans la vallée de l'Ognon, mais la position resta la même.

20. — Le régiment fut envoyé à St-Ferjeux, en avant de Besançon,

direction S.-O. Sa gauche s'appuyait au 11me régiment mobile (Loire), campé au champ de manœuvre de Besançon, sa droite aux hauteurs des Tilleroyes, également occupées par nous. Les grand'gardes éclairaient la route de Dole.

21. — La position resta la même.

22. — Dès le matin, le régiment fut envoyé à St-Claude, en avant de Besançon, direction O., et prit position de combat. Sa droite était appuyée au 85me de ligne (50me de marche), sa gauche aux mobiles des Deux-Sèvres. En avant, à quelques kilomètres, se livrait un vif combat, à Châtillon-le-Duc, Voray, Bonnay et Auxon. Le régiment ne fut pas engagé et resta en position de combat toute la journée et toute la nuit.

23. — La ligne de bataille fut avancée d'environ un kilomètre à la hauteur du Gravier-Blanc et des Torlcols. Les dispositions restèrent les mêmes. Une compagnie du 2me bataillon fut envoyée en tirailleurs devant le front du bataillon. Vers 2 heures du soir, les têtes de colonnes ennemies parurent sur l'ancienne route de Vesoul, descendant des hauteurs de Châtillon-le-Duc, emporté la veille. La compagnie de tirailleurs s'étant précipitamment retirée, le bataillon se trouva en première ligne. Il ne fut pas attaqué, l'ennemi ayant été reçu très-vigoureusement par les troupes placées à gauche du bataillon, le 2me bataillon, commandant Michaud, le 85me de ligne (50me de marche) et d'autres troupes. L'ennemi appuya le mouvement de quelques obus. Une batterie française, arrivant de Besançon, déploya à gauche du bataillon, et ses coups bien dirigés décidèrent, au bout d'une heure environ, l'ennemi à se retirer. Le bataillon n'éprouva aucune perte : on campa sur les positions.

24-31. — La position du régiment resta la même. Le bataillon cantonné et campé aux Torcols et aux Montarmots se reliait par des sentinelles au 85me de ligne (50me de marche) placé à sa droite. Sa gauche s'appuyait au 2me bataillon à cheval, sur la route de Vesoul. Le régiment se trouvait ainsi en première ligne, éclairé par une grand'garde commune placée au pied de la côte qui mène à Châtillon-le-Duc.

Le régiment toucha des capotes d'infanterie devenues indispensables pour mettre sur les vareuses beaucoup trop légères pour une campagne d'hiver. Il toucha aussi des pantalons rouges en remplacement des pantalons gris fournis à Dole et déjà en lambeaux. Les cartouchières de toile furent remplacées par des gibernes d'infanterie. Le bataillon toucha aussi son complément d'effets de linge et chaussure.

C'est vers cette époque que fut formé le 20me corps. Sa 1re division était sous les ordres du général Crouzat. La 1re brigade était commandée par le général de Polignac et composée du 85me de ligne (50me de marche), lieutenant-colonel Godefroy, du 55me (Jura), lieutenant-colonel de Montravel, et du 11me (Loire), lieutenant-colonel Poyeton.

Chaque jour et souvent chaque nuit on faisait de lointaines reconnaissances dans la vallée de l'Ognon. La cavalerie manquait et l'infanterie devait en faire le service, ce qui fatiguait beaucoup les hommes. Le reste du temps se passait à perfectionner l'instruction du bataillon. Aux environs du 27, le bataillon ne fut plus qu'en seconde ligne, Châtillon-le-Duc étant occupé de nouveau par des troupes françaises. Le général en chef Cambriels, dont les blessures s'étaient rouvertes, fut remplacé le 30 par le général Michel. L'ennemi circulait toujours par petites colonnes dans la H^{te}-Saône, mais ne risqua jamais un engagement, même avec nos reconnaissances.

1-7 novembre. — La position resta toujours la même : le bataillon placé en deuxième ligne, ayant à droite le 85me de ligne (50me de marche), à gauche le 2me bataillon, commandant Michaud, continuait à éclairer par ses reconnaissances la vallée de l'Ognon. Le reste du temps, on faisait l'école de tirailleurs et l'école de bataillon.

Le général Michel fut remplacé dans le commandement en chef du 20me corps par le général Crouzat, qui en commandait précédemment la 1re division, laquelle passa sous les ordres du général de Polignac.

8. — Dès 5 heures, le régiment partit par Besançon et la route de Lyon. La colonne se composait de toute la 1re division du 20me corps. L'encombrement était fort grand : les heures de départ, de halte, etc., n'étant jamais observés, il en résultait des arrêts constants qui obligèrent le bataillon à n'arriver qu'à 8 heures du soir au campement de Quingey, distant de Besançon de 22 kilom. seulement. Cette remarque s'applique à toute la campagne, et contribua beaucoup à fatiguer la troupe au physique et au moral.

9. — Départ pour Mouchard à 8 heures du matin. La division y campa après y être arrivée à 1 heure du soir.

10. — Départ pour Mont-sous-Vaudrey, où la division arriva à midi et où elle campa.

11. — Départ pour Neublans par le Deschaux. La division arriva à 5 heures du soir et campa.

12. — Départ pour Pierre et Sermesse (Saône-et-Loire). La division y arriva à 4 heures du soir et campa.

13. — Le régiment fut placé en bataille, face à la rivière du Doubs,

à la hauteur du pont de Navilly, et resta en position jusqu'à midi. Il fut ensuite dirigé par Ciel sur Verdun-sur-le-Doubs, où il arriva vers 3 heures du soir. La ville était encombrée, et le régiment campa sur les glacis, direction S.

14. — Le régiment partit de Verdun à 8 heures du matin et arriva à Demigny à 1 heure du soir. Le bataillon fut cantonné tout entier.

15-16. — Séjour à Demigny. Le bataillon fut exercé à l'école de tirailleurs et à l'école de peloton.

Le général Boisson vint prendre le commandement de la 1re brigade dont faisait partie le bataillon. Le général de Polignac commanda toujours, à partir de ce moment, la 1re division.

17. — La route de Chagny était éclairée par une grand'garde fournie par le bataillon.

18. — Le régiment partit pour Chagny, où il arriva à 4 heures du soir. A 5 heures, il montait en chemin de fer et se dirigeait par Nevers et Cosne sur Gien, où il arrivait à minuit le 19.

19. — Le régiment fut aussitôt campé sur le bord de la Loire, rive gauche, en aval du pont de Gien.

20-21. — Le camp fut levé et transporté en amont de Gien, à 1 kil. de cette ville. C'est à partir de ce moment que le 20me corps compta à l'armée de la Loire et fut par conséquent sous le commandement suprême du général d'Aurelle de Paladine. Le général Crouzat commandait toujours le 20me corps, le général de Polignac la 1re division, le général Boisson la 1re brigade, le lieutenant-colonel de Montravel le régiment, le commandant Le Pin le bataillon. On ne fit rien au camp de Gien que de donner aux hommes quelques soins de propreté.

22. — Le camp fut levé avant jour et les troupes dirigées sur la route de Pithiviers. On passa par les Bordes et on alla camper à Bray, au bord de la forêt d'Orléans.

23. — Départ à midi : la colonne traversa une petite portion de la forêt d'Orléans et le régiment alla camper, vers 4 heures du soir, au bord du canal de Briard, à la hauteur de Bellegarde.

24. — Le camp fut levé avant jour et le bataillon fut dirigé par Bellegarde, éclairé par le 2me lanciers de marche. Cette cavalerie surprit l'ennemi à Boiscommun et lui fit quelques prisonniers. Le régiment fut mis en bataille face à St-Loup, à la hauteur de Montliard : le bataillon appuyait sa gauche à la batterie Pâris et sa droite au 2me bataillon. Plus à droite encore s'étendait le reste de la brigade, la 2me brigade, la 2me et la 3me division, enfin le 18me corps à l'extrême droite.

Dès le matin on avait entendu une vive canonnade dans la direction d'Orléans.

La batterie Pâris ouvrit le feu et força bientôt l'ennemi à abandonner St-Loup. Sur la droite, les 2me et 3me divisions furent vivement attaquées par l'ennemi, qu'elles repoussèrent victorieusement. La 2me brigade de la 1re division fut engagée, une partie même de la 1re brigade, le 85me (50me de marche) et le 11me (Loire) durent s'ébranler, mais le bataillon resta en position de combat jusqu'à la nuit sans être inquiété. Ce succès prit le nom de combat de Ladon.

Le bataillon bivouaqua dans le bois de Montliard.

25. — Le régiment fut envoyé, la droite en tête, en échelons par divisions, pour occuper St-Loup, défendu seulement par un bataillon de francs-tireurs Keller, commandant de Luppé. Arrivé à St-Loup vers midi, le régiment s'y déploya en tirailleurs. Une heure après on battit en retraite pour occuper de nouveau Montliard. Le bataillon, cantonné dans ce village, appuyait sa droite au reste de la brigade (85me et 11me) et sa gauche au 2me bataillon. Il était couvert par une ligne de tirailleurs occupée le jour et la nuit, et fournie par la 1re compagnie, capitaine de Vaulchier, et la 2me, capitaine Bailly, qui se relevaient de 12 en 12 heures. A 3 kilom. en avant, à St-Loup, une compagnie de grand'garde, la 5me, capitaine Meux, était établie concurremment avec les francs-tireurs du commandant de Luppé. En arrière, au château de Montliard, étaient établis l'état-major de la division, le 2me lanciers de marche, les parcs et convoyeurs.

26, 27. — La position reste absolument la même.

28. — Combat de Beaune-la-Rolande. Dès avant jour, les compagnies 1, 2 et 5 rallièrent le bataillon et le régiment partit pour Boiscommun, d'où il se dirigea par St-Michel et Batilly, déployé en bataille. Le bataillon appuyait sa droite à un bois, sa gauche au 2me bataillon, commandant Michaud. Il était couvert par deux compagnies déployées en tirailleurs, la 1re, capitaine de Vaulchier, et la 2me, capitaine Bailly. Enfin, en première ligne, deux compagnies du 11me (Loire) formaient l'extrême avant-garde. Entre St-Michel et Beaune-la-Rolande, une batterie prussienne ouvrit son feu à environ 400 mètres. Les tirailleurs du 11me s'étant aussitôt repliés, ceux du bataillon restèrent en première ligne. Une partie notable du bataillon s'étant débandée, la division de tirailleurs dut se maintenir seule. Un peloton de cavaliers ennemis s'en approcha alors mais n'osa pas pousser plus avant. Enfin la batterie Pâris vint prendre position à gauche du bataillon qui se reformait et fit

bientôt battre en retraite l'artillerie prussienne. Il était midi. Le régiment continua à s'avancer dans le même ordre sur Beaune-la-Rolande. Peu de temps après, un bataillon du 3me zouaves de marche vint se placer devant lui en tirailleurs. Ce bataillon faisait partie de la 2me division du 20me corps et se trouvait là sans raison. Il souffrit beaucoup en enlevant quelques travaux en terre d'où il délogea l'ennemi. Enfin, arrivé à 300 mètres environ de Beaune-la-Rolande, il dut s'arrêter sous le feu de l'artillerie prussienne. Le bataillon vint se mettre en ligne avec lui, y appuyant sa droite et ayant le 2me bataillon à gauche. Les troupes reçurent l'ordre de se coucher pour éviter autant que possible le grand feu de l'ennemi. Le régiment formait alors l'extrême gauche de l'armée française, dont la droite se composait du 18me corps et le centre des 2me et 3me divisions du 20me corps.

C'est peu de moments avant que se place la mort du général Boisson, commandant la brigade et blessé d'un éclat d'obus aux intestins. Le capitaine Parent, du 55me (Jura), son officier d'ordonnance, mortellement blessé, tomba avec lui entre les mains de l'ennemi, où tous deux moururent peu de jours après. Cependant la position ne s'améliorait pas : on n'avançait plus depuis déjà longtemps. Le feu de notre mousqueterie ne faisait pas grand mal à l'ennemi, retranché dans Beaune-la-Rolande. Le sien, au contraire, nous incommodait beaucoup : l'on ne recevait pas d'ordres, la patience des troupes s'épuisait, notre artillerie ne tirait presque plus : une batterie de réserve placée à St-Loup ne se mit même pas en batterie. Vers 4 heures du soir, alors que l'artillerie s'était enfin décidée à incendier la ville, l'ordre fut donné de se retirer un peu en arrière pour former des colonnes d'attaque. Le bataillon s'y disposait, lorsque le feu de notre artillerie se ralentit sensiblement. Celui de l'ennemi, au contraire, fut renforcé par une réserve de 40 pièces, venue de Pithiviers par la route qui n'avait pas été occupée. Le bataillon fut placé en seconde ligne derrière le 2me bataillon, déployé tout entier en tirailleurs. Vers 5 heures, le feu devint tellement vif que la retraite fut ordonnée. Elle eut lieu de ce côté simultanément par le régiment et le bataillon du 3me zouaves mentionné plus haut. La troupe recula jusqu'à Boiscommun, où les officiers réussirent à rassembler quelques hommes, avec lesquels on regagna les cantonnements de Montliard. L'ennemi ne poursuivit pas, quoique la troupe s'éparpillât dans toutes les directions. Beaucoup d'hommes ne rentrèrent à leur corps que le lendemain. Le bataillon put pourtant rétablir sa ligne de tirailleurs permanente et occuper les mêmes positions qu'il défendait précédemment à Montliard. Cette journée coûta à la division 1400 hommes hors de combat. Le bataillon eut pour sa part 2 officiers blessés, quelques hommes tués et environ 50 soldats blessés.

29. — La journée se passa à remettre tout en ordre ; les positions restèrent les mêmes de part et d'autre.

30. — Le régiment partit dès le matin et se dirigea sur Boiscommun, où il trouva des troupes du 15me corps. Il marcha ensuite par Nibelle sur Chambon, où il arriva vers midi. Le bataillon campa la droite au village, la gauche au cimetière, le 2me bataillon en arrière. Le village était occupé par des troupes du 15me corps et le tout était couvert par une grand'garde de 3 compagnies, placée à environ 2 kilomètres en avant et à 200 mètres seulement des petits postes prussiens. On entendit toute la journée le feu du combat que livrait le 15me corps vers Boiscommun.

1er décembre. — La position des troupes resta la même de part et d'autre.

2. — Au bataillon on fit faire l'école de peloton, et l'on entendit aux grand'gardes les troupes prussiennes qui, avec un grand bruit de chants, se dirigeaient de droite à gauche en masses nombreuses.

3. — Le bataillon, moins la 4me, capitaine Breune, de grand'garde, fut détaché pour soutenir le 67me (Hte-Garonne). Cette petite colonne, sous les ordres du lieutenant-colonel de Sermejane, traversa une portion de la forêt d'Orléans et alla camper à Courcy. Partie de Chambon vers 2 heures du soir, la troupe n'arriva au campement que vers 8 heures, ayant fait environ 10 kilom. en pleine forêt d'Orléans. Toute la journée on entendit une forte canonnade vers Orléans.

4. — Le bataillon, parti de Courcy à 8 heures du matin, rallia la brigade vers midi. Tout le 20me corps fut réuni vers 2 heures du soir et s'achemina par Faye-aux-Loges sur Orléans. Le Pont-aux-Moines, situé à 13 kilom. d'Orléans, n'était pas encore atteint que l'extrême avant-garde échangeait des coups de feu avec l'ennemi qui occupait de nouveau la ville. Le régiment fut placé précipitamment en bataille pour couvrir la retraite du 20me corps dirigé sur la route de Jargeau. L'ennemi ne paraissant pas, le régiment rallia sa brigade et atteignit Jargeau vers 8 heures du soir. Toute la nuit se passa à en franchir le pont sur la Loire. La crainte de voir paraître l'ennemi, la rigueur de la température, le manque d'ordre et de vivres, le mauvais état du pont rendirent ce mouvement fort semblable à une déroute. Arrivé sur la rive gauche de la Loire, le bataillon se casa où il put et à peu près

sans ordres. Une attaque un peu brusque de l'ennemi eut dispersé en ce moment le 20ᵐᵉ corps tout entier.

5. — Le corps continua sa marche dans la direction de Bourges, de 8 heures du matin à 6 heures du soir. Le bataillon campa à Viglain. La saison devenait fort rigoureuse et la terre était trop dure pour planter les piquets de tente. La quantité d'officiers, sous-officiers et soldats qui, pour cause de pneumonies, bronchites, douleurs rhumatismales, etc., entrèrent aux ambulances à partir de cette époque est immense. La moitié des effectifs y passa. Sous ce rapport, le bataillon souffrit moins que bien d'autres. Les Jurassiens qui le composaient, habitués au rude climat de la Franche-Comté, furent rarement atteints mortellement par le froid. Dans les régiments arrivant d'Afrique ou des garnisons méridionales, dans ceux levés au midi, les congélations assez fortes pour causer la mort furent fréquentes.

6. — Le bataillon s'ébranla vers 8 heures du matin et marcha vers Argent, qu'il atteignit vers 4 heures du soir. La brigade bivouaqua en avant d'Argent, au bord de la route de Bourges, la droite à Argent, la gauche à Bourges. Le régiment était en seconde ligne, précédé par le campement du 11ᵐᵉ (Loire), commandé par le capitaine Woll, à défaut d'officiers supérieurs mis hors de combat le 28. Le tout était couvert par une grand'garde placée dans un bois, face à la route d'Orléans à Salbris.

7. — La position resta la même ; le froid était fort grand et les troupes en souffraient beaucoup.

8. — Le bataillon partit avant le jour et se dirigea vers Bourges. Le mauvais état des chemins rendant la marche fort difficile, on n'avançait qu'avec beaucoup de lenteur. Vers 10 heures, on croisa les têtes de colonne du 15ᵐᵉ corps qui, dispersé à Salbris par l'ennemi, avait battu précipitamment en retraite. La marche continua jusqu'à la chapelle d'Angillon, où l'on devait camper et où l'on arriva le soir. On y reçut l'ordre de faire immédiatement la soupe et de repartir ensuite pour Bourges. On s'arrêta 3 heures à peine et l'on continua la marche vers Bourges. Cette marche de nuit fut des plus pénibles. Les troupes, déjà fatiguées, se débandèrent à peu près complètement. La nuit se passa toute entière ainsi. On arriva à Bourges à 4 heures du matin. Le bataillon comptait encore une centaine d'hommes à peine, malgré les efforts faits par les officiers pour rallier leurs compagnies. Selon l'habitude, le campement n'était pas désigné, et ce qui restait de troupes attendit jusqu'au jour qu'on lui indiquât une place. Le bataillon fut

placé en avant de Bourges, la droite à la route de Vierzon.

9. — La position resta la même ; les traînards, dont le nombre dépassait celui des hommes restés dans la colonne, arrivèrent toute la journée.

10. — Le camp fut levé avant jour et le bataillon placé entre la chaussée du chemin de fer et la ville, la droite appuyée à la gare, la gauche au 2me bataillon. Les traînards achevèrent de rentrer, sauf ceux, en assez grand nombre, que le froid et la grande marche du 8 firent entrer à l'hôpital.

11. — Le régiment fut 2 heures le matin en bataille sur la voie ferrée ; il reprit ensuite son campement de la veille.

Depuis le pillage des bagages à Gerardmer, les 11 et 12 octobre, le bataillon n'avait pas reçu de nouveaux havresacs. Chaque compagnie n'en avait guère qu'une quinzaine ; encore les hommes se les étaient-ils procurés la plupart du temps irrégulièrement, par achat, trouvaille, pillage, etc. Ce jour, une voiture de sacs qui suivait l'armée fut saisie par eux. Ils se les appropièrent et purent ainsi terminer plus confortablement la campagne.

12. — On dirigea le 20me corps par la route de Vierzon, qu'il quitta vers St-Eloi, à environ 12 kilomètres de Bourges. La division y resta de midi à 10 heures du soir, malgré une neige assez forte. Elle repartit ensuite pour Allogny, où le régiment n'arriva qu'à minuit. Il alla camper dans la forêt d'Allogny avec sa brigade. Le bataillon campa le long de la route d'Allogny à St-Martin, la droite au 2me bataillon, la gauche au 67me (Haute-Garonne), lieutenant-colonel de Sermejane, ayant en face le 85me (50me de marche).

13-15. — La position resta la même ; le bataillon s'exerça à l'école de peloton, mais sans quitter la forêt, gardée de tous côtés par des grand'gardes. Les troupes se trouvèrent très-bien de cet arrêt. Les traînards achevèrent de rentrer, les hommes purent prendre quelques soins de propreté et nettoyer leurs armes.

16. — La division leva le camp avant jour et retourna passer à Bourges, où elle arriva vers 2 heures. Elle alla ensuite cantonner à 9 kilom. de Bourges, à Trouy, où elle arriva à 6 heures du soir.

17. — Le régiment se rapprocha de Bourges et vint cantonner dans les fermes de Mazière, à 2 kilom. de la ville. On y arriva à midi.

18. — La position resta la même. Le régiment, à midi, passa la revue du lieutenant-colonel Godefroy, commandant le 85me (50me de marche), et faisant fonctions de général de brigade depuis la mort du général

2

Boisson, décédé le 1ᵉʳ décembre des suites des blessures reçues à Beaune-la-Rolande le 28 novembre.

19. — Le régiment partit pour Nevers à 8 heures du matin et alla cantonner à Avor, où il arriva à 4 heures du soir.

20. — Le régiment suivit la même route. Parti d'Avor à 8 heures du matin, il arriva à 4 heures à La Guerche, où il fut cantonné.

21. — Le régiment suivit la même route. Aussitôt après avoir passé la rivière de l'Allier, il reçut l'ordre de changer de direction et il fut conduit vers Saincaize, à environ 9 kilom. de Nevers, au bord de l'Allier. Il y campa avec toute la division face à l'Allier. Le bataillon formait la droite de la brigade; sa gauche s'appuyait au 2ᵐᵉ bataillon. Devant et derrière campaient le 85ᵐᵉ (50ᵐᵉ de marche), et le 11ᵐᵉ (Loire).

Le commandement du 20ᵐᵉ corps fut transféré du général Crouzat au général Clinchant. Le bataillon continua à faire partie de la 1ʳᵉ brigade de la 1ʳᵉ division de ce corps. Le général de Polignac commandait toujours cette division et le lieutenant-colonel Godefroid, du 85ᵐᵉ, la brigade.

22. — Le camp fut levé pendant la nuit; le régiment monta en chemin de fer à la station de Saincaize et fut dirigé sur Chagny et Chalon-sur-Saône, où il arriva le 23. Le froid étant des plus rigoureux et le matériel du chemin de fer laissant beaucoup à désirer, plusieurs hommes moururent de froid dans la brigade. Ce fut alors et pour la première fois qu'arriva trop tardivement l'ordre de cantonner la troupe toutes les fois que ce serait possible.

23. — Rien n'avait été prévu à Chalon. Le régiment fut envoyé à la Gendarmerie, beaucoup trop petite. Un grand nombre d'hommes se cantonnèrent à leur volonté; aussi fallut-il beaucoup de temps pour réunir le régiment à midi et partir pour Ouroux, situé à 12 kilom. de Chalon-sur-Saône, sur la route de Louhans. Le régiment y arriva vers 3 heures et fut cantonné face au Doubs. Le bataillon appuyait sa droite au 85ᵐᵉ (50ᵐᵉ de marche) et formait la gauche de la brigade.

Le sous-lieutenant Genevoy, du 2ᵐᵉ bataillon, amena du dépôt un détachement dont 40 hommes environ furent versés au bataillon.

24. — La position resta la même. On fit aux hommes quelques théories sur la pratique du tir.

25-26. — La position resta la même. Les grandes neiges commencèrent à s'établir.

27. — Dès 7 heures du matin, le régiment fut dirigé par la route

de Chalon à Dole sur Dameret. Le bataillon alla cantonner à 2 kilom. en avant de Dameret, direction de Dole, au village de St-Maurice, où il arriva vers 3 heures du soir.

28. — Le régiment fut dirigé par Sermesse sur Navilly. Parti de St-Maurice à 11 heures du matin, il arrivait à 5 heures à Navilly, où il cantonnait.

29. — La position resta la même.

30. — Le régiment partit à 8 heures du matin : les routes, effondrées par les neiges, rendaient la marche fort pénible. Le bataillon, suivant toujours la route de Dole, vint cantonner à Champdivers, à environ 15 kilom. de cette ville.

Le commandant Le Pin, du 1er bataillon, malade depuis longtemps, reçut l'autorisation d'aller se soigner chez lui.

31. — Le régiment, parti de Champdivers à 8 heures du matin, traversa Dole et alla cantonner à 10 kilom. en avant de cette ville, direction nord, au village de Chatenois.

1871. 1er janvier. — La position resta la même. Le commandant de Vaulchier, du 11me (Loire), autrefois capitaine au bataillon, vint en prendre le commandement. Le lieutenant-colonel Godefroy retourna commander le 85me (50me de marche), et la brigade fut placée sous les ordres du général Logerot.

Les marches forcées qu'on avait dû faire, la rigueur de la saison, les misères physiques et morales que la troupe avait supportées, enfin le simple fait que le bataillon avait été recruté presque en entier dans l'arrondissement de Dole, produisirent chez les hommes un désir effréné de passer chez eux. Toute permission ayant été refusée, presque tous les hommes et beaucoup d'officiers partirent. Il est vrai que, deux jours après, tous étaient à peu près rentrés au corps, mais cela n'en était pas moins d'un exemple déplorable, d'autant plus que la multitude des coupables rendait toute punition bien difficile.

2. — Le régiment partit à 8 heures du matin par la route de Besançon et fut dirigé par Orchamps et St-Vit sur Courcelle, où il arriva à 5 heures du soir et où il cantonna.

3. — Le régiment partit à 8 heures du matin et, laissant Besançon à droite, fut dirigé sur Voray, route de Besançon à Vesoul. Il y passa vers 4 heures du soir et alla cantonner à 2 kilom. en avant de Voray, à Buthiers, où il arriva à 5 heures. Il rentra ce jour-là un nombre considérable de traînards, mais 6 officiers manquaient encore au bataillon.

4. — La brigade partit à 8 heures du matin par la route de Vesoul. Arrivée à Rioz, où l'ennemi avait couché la nuit précédente, la colonne fut arrêtée. On envoya des reconnaissances, qui ne découvrirent rien. Au bout de 2 heures, la marche fut continuée et poursuivie jusqu'à la hauteur de Vellefaux, d'où l'ennemi sortait après avoir incendié quelques fermes. La brigade forma l'aile droite du 20me corps à Authoison et le bataillon l'extrême droite à Argirey, où il arriva à 6 heures du soir et où il cantonna.

5. — Le bataillon rallia la brigade à Authoison vers 8 heures du matin ; il alla ensuite se placer en colonne serrée par divisions à la hauteur des fermes incendiées le 4. Il se trouvait ainsi à environ 12 kilom. de l'ennemi, qui occupait encore Vesoul. La 2me brigade, qui se trouvait à gauche, fut attaquée par les Prussiens vers Echenoz et les repoussa facilement. La position resta la même toute la journée. A 4 heures, on retourna par Authoison et le régiment gagna Loulans, où il cantonna, couvert par une grand'garde qui éclairait la route de Montbozon.

6. — La brigade fut placée dès le matin en bataille sur les hauteurs qui dominent la vallée de La Linotte, à la hauteur de la ferme dite de la Grande-Serpe. Le bataillon appuyait sa droite au 85me (50me de marche), lieutenant-colonel Godefroy, sa gauche à une montagne escarpée. La neige commençait à avoir une profondeur considérable et il en tombait encore. Après trois heures d'attente, le régiment alla cantonner à Roche-sur-Linotte, où il n'était qu'en seconde ligne

7. — La position resta la même.

8. — Le régiment partit vers 8 heures du matin pour Rougemont, passant par Loulans et Avilley. Il rallia en route toute la division et cantonna avec elle à Rougemont vers 5 heures du soir.

Le 20me corps appuyait alors sa droite au 24me, général Bressol, et sa gauche au 18me, général Billot, concentré à Montbozon.

9. — La brigade partit vers 7 heures du matin et s'avança par Cuse et Fallon ; elle appuyait sa gauche aux 2me et 3me divisions, qui canonnaient alors Villersexel, occupé encore par l'ennemi. La droite était toujours couverte par le 24me corps, division Tibaudin de Comagnies. Arrivé à Villargent vers 3 heures du soir, le régiment fut dirigé sur Villersexel en colonne double par sections, la gauche en tête. La route passait par Villers-la-Ville, village situé au sommet d'une côte et occupé par 4 pièces prussiennes et un corps d'infanterie, qu'on ne peut estimer à moins de 2 régiments. Tandis que le 2me bataillon, commandant

Michaud, se déployait en tirailleurs et, formant un vaste demi-cercle, se rabattait en éventail pour tourner le village par la gauche, le 1ᵉʳ bataillon, commandant de Vaulchier, escalada le village en front de bataillon et l'occupa de suite. Le 85ᵐᵉ (50ᵐᵉ de marche), lieutenant-colonel Godefroy, placé en seconde ligne, n'eut pas à bouger. Le mouvement s'accomplit dans un ordre parfait. L'artillerie de la division, retardée par la neige, n'était pas arrivée, mais le régiment n'en fit pas son attaque moins résolument. L'ennemi se replia précipitamment sur Villersexel vers 5 heures du soir. La brigade resta en position entre Villers-la-Ville et Villersexel, tandis que le 18ᵐᵉ corps, par la rive droite de l'Ognon, les 2ᵐᵉ et 3ᵐᵉ divisions du 20ᵐᵉ corps, par la rive gauche de la même rivière, emportaient enfin ce bourg malgré la résistance la plus vive. La brigade bivouaqua toute entière à Villers-la-Ville, sur les positions emportées par le régiment. A minuit, l'ennemi était en pleine retraite sur Lure et, vers 2 heures du matin, le succès était complet. Les pertes du bataillon, pendant cette journée, furent légères : elles se montèrent à 3 hommes blessés ; mais la proportion des hommes entrés aux ambulances pour congélations augmenta beaucoup. Il y en avait à ce moment une moyenne de 15 par compagnie. Le 2ᵐᵉ bataillon perdit un nombre considérable d'hommes.

10. — Le régiment alla se placer en position de combat en arrière de Beveuge, en colonne serrée par divisions. Il resta toute la journée ainsi et cantonna à Beveuge, couvert par une grand'garde placée du côté de Senargent, direction N. La position stratégique était toujours la même, la droite au 24ᵐᵉ corps, la gauche au 18ᵐᵉ.

11-12. — La position resta la même. Le régiment fut cité à l'ordre du jour pour sa belle conduite à l'affaire du 9.

13. — La brigade partit de Beveuge vers 8 heures du matin ; passant par Senargent sans s'y arrêter, elle fut placée en position de combat au couchant de Mignavillers. Le bataillon, en colonne serrée par divisions, appuyait sa droite au 2ᵐᵉ bataillon, sa gauche au chemin de Mignavillers à Athesans. La position ne varia pas toute la journée. On entendait vers Lure l'artillerie du 18ᵐᵉ corps engagée avec l'ennemi ; à droite, la 2ᵐᵉ division du 20ᵐᵉ corps enlevait les positions de Grange-Saulnot. Plus à droite, on entendait les 24ᵐᵉ et 15ᵐᵉ corps qui marchaient vers Montbéliard après avoir enlevé Arcey. Le régiment cantonna à Mignavillers.

14. — La brigade alla dès le matin, passant par Grange, prendre position au-dessus et en arrière de Champey. L'abondance de la neige,

l'état épouvantable des chemins, la rigueur du froid empêchèrent que ce mouvement ne se fît avec la régularité désirable. On entendait toujours le canon du côté de Montbéliard, à l'extrême droite. Le soir, le régiment alla cantonner à Champey.

15. — Au petit jour, le bataillon fut envoyé sur le chemin de Couthenans. La 1re compagnie, capitaine Pianet, déployée en tirailleurs, surprit la grand'garde prussienne qui s'enfuit à Couthenans. Le bataillon s'avança aussitôt vers ce village par le flanc, la droite en tête, couvert par deux compagnies déployées en tirailleurs, la 1re, capitaine Pianet, et la 2me, capitaine Bailly. L'ennemi, qui occupait Couthenans au nombre d'environ 1800 hommes, battit aussitôt en retraite dans la direction d'Héricourt. Le bataillon occupa de suite Couthenans, qui fut alors battu par les pièces de position placées en face au N.-O. d'Héricourt. Le bataillon était ainsi en première ligne et fort exposé. Le commandant avait reçu l'ordre de se maintenir à Couthenans jusqu'à l'arrivée du 18me corps, général Billot, qui devait le relever et déboucher par la route de Lure. Il était alors environ 9 heures du matin. Le bataillon pouvait être coupé d'un moment à l'autre, étant entièrement en avant de la ligne de bataille, dégarni de troupes à droite et à gauche et soutenu seulement, à plus de 2 kilom., par le reste de la brigade. Le 18me corps ne paraissait pas. Le général de Polignac, commandant la division, envoya l'ordre écrit de laisser une compagnie à Couthenans et de battre en retraite avec le reste du bataillon sur Coisevaux, où il rallia la brigade sans encombre vers 10 heures du matin. Une demi-heure après, il fallut envoyer un cavalier du bataillon chercher la compagnie laissée à Couthenans : ce militaire se trouva au milieu des cavaliers ennemis auxquels il n'échappa que grâce à la vitesse de son cheval. La 6me compagnie, capitaine Beaucaire, avait anticipé l'ordre et rallia heureusement la brigade à Coisevaux. Ce petit engagement ne coûta que 3 blessés.

La 7me compagnie, capitaine Papillard, avait été dès le matin détachée pour soutenir une batterie de la division placée sur les hauteurs, entre Champey et Coisevaux. Le bataillon fut formé en bataille sur le plateau boisé qui sépare Coisevaux de Verlans. Il appuyait sa droite au 2me bataillon : tous deux étaient en réserve. Le feu de l'artillerie ennemie était très-vif, mais peu meurtrier à cause du trop grand éloignement et des arbres. Le régiment resta sur le plateau jusque vers 2 heures, puis il descendit sur Verlans et s'y plaça en bataille, la droite au 11me (Loire), toujours commandé par intérim par le capitaine Woll, la gauche au 2ᵐᵉ bataillon. Le feu de l'artillerie était à ce moment à son apogée. A l'extrême droite, les batteries du 24ᵐᵉ corps, général Bressol, tiraient sur Héricourt. Derrière la brigade, les batteries de réserve du 20ᵐᵉ corps canonnaient sans grand succès les batteries de position placées derrière Héricourt. A la nuit, on forma le régiment, et le 11ᵐᵉ (Loire), en colonne serrée par division, et l'on fit une marche en avant jusqu'à Byans, que l'ennemi avait abandonné pendant la journée. Vers 9 heures du soir, le régiment alla cantonner à Verlans.

Les congélations de pied furent nombreuses pendant cette journée, et l'effectif du bataillon fut réduit à 500 hommes. De plus, les vivres manquaient presque absolument depuis cinq jours. Le pain faisait complètement défaut : le biscuit était très-insuffisant et l'on n'obtenait de la viande qu'en réquisitionnant du bétail dans les villages. On réquisitionna quelquefois aussi des pommes de terre.

La 7ᵐᵉ compagnie, capitaine Papillard, resta avec la batterie d'artillerie, lieutenant Laval, à laquelle elle servait de soutien.

16. — Au petit jour, le général de brigade Logerot envoya contre le cimetière Sᵗ-Valbert, situé à 200 mètres environ d'Héricourt, une colonne d'attaque sous les ordres du commandant de Vaulchier. Cette colonne, composée de deux compagnies du bataillon, la 2ᵐᵉ, lieutenant Grenot, et la 3ᵐᵉ, capitaine Maguy, de deux compagnies du 85ᵐᵉ de ligne (50ᵐᵉ de marche) et de deux compagnies des francs-tireurs Keller, commandant de Luppé, souffrit beaucoup du feu des tirailleurs ennemis. Dix officiers de francs-tireurs furent mis hors de combat, et leurs compagnies furent presque entièrement écrasées. Arrivé à peu de distance du cimetière Sᵗ-Valbert, le commandant de Vaulchier tomba traversé par une balle, ce qui détermina la retraite de sa colonne sur Byans, occupé alors par le 2ᵐᵉ bataillon, commandant Michaud. Le reste du bataillon était en bataille à gauche, face à Sᵗ-Valbert, s'appuyant au 85ᵐᵉ (50ᵐᵉ de marche). Toute la journée se passa en feux de tirailleurs fort vivement soutenus de part et d'autre. La position resta la même. La 2ᵐᵉ brigade de la division, lieutenant-colonel Brisac, était en réserve. Les pertes éprouvées pendant cette journée par le bataillon se montèrent à 1 tué, 23 blessés, dont la plupart très-grièvement, et 2 disparus. Pendant la nuit, le bataillon occupa les mêmes positions : on continua à tirailler dans l'obscurité. L'ennemi tenta une attaque qui fut vivement repoussée par le régiment. La journée s'était passée sans que le bataillon eût reçu aucuns vivres. La 7ᵐᵉ compagnie, capitaine Papillard, occupait toujours la position de soutien désignée dans les

journées précédentes.

17. — Le commandant de Vaulchier, entré aux ambulances le 16, fut remplacé dans son commandement par le capitaine Breune, de la 4me compagnie du même bataillon, le plus ancien capitaine de ceux qui restaient au corps. Le lieutenant-colonel de Montravel, entré à l'hôpital, fut remplacé dans le commandement du régiment par le commandant Michaud, du 2me bataillon. Le général Logerot commandait toujours la brigade, le général de Polignac, la division, le général Clinchant, le corps.

La 7me compagnie rallia le bataillon.

Le bataillon fut remplacé dans ses positions par le 85me (50me de marche). Il fut ensuite placé en réserve et en potence en arrière de la position qu'il avait occupée le 16, face au cimetière St-Valbert, en avant de Verlans. Le feu de l'artillerie ennemie continuait à être très-vif. Byans en particulier était bombardé avec furie. Le bataillon bivouaqua dans les mêmes positions, malgré l'épaisseur de la neige qui couvrait la terre. Les congélations de pieds continuaient à augmenter.

18. — Le bataillon occupa dès le matin les mêmes positions. Vers 7 heures, le 34me régiment d'infanterie prussienne tenta une attaque sur nos lignes, défendues dans cet endroit par la 2e brigade (mobiles de la Haute-Loire et de la Haute-Garonne, lieutenant-colonel de Sermejane). Cette ligne fut percée par l'ennemi. Le 85me (50me de marche) et le 11me (Loire) y coururent et repoussèrent l'ennemi à leur tour. Pendant ce temps, le bataillon envoyait 3 compagnies pour soutenir le 85me (50me de marche), les 4 autres compagnies restant pour défendre la route de Verlans à Byans. La position resta la même toute la journée. A 6 heures du soir, le bataillon fut relevé par un régiment de marche du 18me corps, général Billot, et alla bivouaquer avec le reste de la brigade sur le plateau dominant Verlans, direction N.-O., qu'il avait déjà occupé une partie de la journée du 15.

19. — Dès 5 heures du matin, la division fut dirigée par Verlans, Trémoin et Arcey et cantonna le soir à Courchaton. Les troupes ne touchèrent encore ce jour-là que l'eau-de-vie et le biscuit. Malgré l'état affreux des chemins, la rigueur de la saison, les grandes fatigues que la troupe avait supportées et le manque presque absolu de vivres, grâce à la vigueur du général de brigade Logerot, grâce à l'esprit militaire des Jurassiens et à leur habitude d'un climat froid, la retraite se fit ce jour-là et continua les jours suivants dans un ordre satisfaisant,

eu égard aux circonstances et au désordre universel dont certains corps donnaient l'exemple.

20. — Le mouvement de retraite fut retardé par les bagages du 18me corps (général Billot). La division finit pourtant par atteindre le village de Romain, sur la route de Baume-les-Dames à Rougemont. Le bataillon dut bivouaquer.

21. — Le mouvement continua dès le matin et s'opéra en bon ordre, malgré les flots de soldats débandés de toutes armes appartenant au 18me corps. La brigade arriva vers 2 heures au petit village de La Bretenière, où le régiment bivouaqua avec le 85me (50me de marche).

22. — Le mouvement continua. La division prit position à Corcelle-Miélot, où l'on s'attendait à être attaqué. La journée se passa sans incidents et le bataillon bivouaqua dans les mêmes positions.

23. — Le mouvement continua, et le régiment atteignit enfin le village de Palente, en avant de Besançon, direction N. Il y cantonna avec sa brigade le soir même.

Les pertes éprouvées pendant cette désastreuse retraite se montèrent, pour le bataillon, à environ 150 hommes, dont la plupart entrèrent aux ambulances pour des cas de congélations, pneumonies et dyssenteries, causées par la rigueur de l'hiver.

Le lieutenant Javel, à la suite du 1er bataillon, vint rejoindre avec 150 hommes du dépôt, qui furent distribués dans les compagnies du bataillon qui avaient le plus souffert.

24-27. — Le bataillon fut cantonné aux Montarmots, aux Torcols et à Chailluz, en avant de Besançon, à environ 5 kil., direction N.-O. Sa droite s'appuyait au 85me (50me de marche), lieutenant-colonel Godefroy, cantonné à Palente. La droite était couverte par les francs-tireurs de Béziers, placés à Auxon. Le 2me bataillon, commandant Michaud, était à 2 kilom. en avant, à Châtillon-le-Duc. Le bataillon fournissait chaque jour 2 compagnies de grand'garde, l'une à la croisée de l'ancienne route de Besançon à Vesoul, lieudit à Valentin, l'autre en avant, à 2 kilom., direction N.-O, lieudit aux Trois-Croix. Le bataillon avait ainsi à défendre un espace d'environ 7 kilom.

Du 28 janvier au 14 mars. — La position resta constamment la même. Le bataillon fut exercé à l'école du soldat, de peloton, de bataillon, de tirailleurs. Le capitaine Papillard, commandant par intérim le bataillon, s'appliqua avec succès à reconstituer de son mieux les compagnies, à instruire les hommes, à faire renouveler l'habillement, à faire remettre l'armement en état. Les contrôles, perdus ou détruits pendant la campagne, furent soigneusement refaits, aussi bien que les mutations, si nombreuses, survenues pendant l'hiver. Enfin, tout fut remis en ordre à un tel point que, au dire de l'intendant, le régiment était presque le seul de la division qui fut en état de passer une revue d'effectif. La division restait seule du 20me corps, les deux autres étant passées en Suisse par suite de la capitulation du général Clinchant, lequel avait remplacé le général Bourbaki dans le commandement supérieur de l'armée de l'Est.

A ce moment, le régiment eût pu supporter la comparaison avec n'importe quel régiment de marche composé d'anciens soldats.

15. — Le commandant de Vaulchier revint de convalescence prendre le commandement du bataillon, et le capitaine Papillard retourna prendre le commandement de sa compagnie (7me du 1er bataillon).

16. — Le régiment fut réuni à midi au grand complet pour rendre ses armes et ses cartouches. Le bataillon entra à Besançon en colonne par sections, la droite en tête, présentant l'aspect le plus régulier, tant sous le rapport de la tenue, de l'équipement et de l'armement, que sous celui de la marche et de l'aisance des manœuvres. Et pourtant il venait de faire la campagne la plus pénible, durant l'hiver le plus rigoureux. La vue de cette troupe faisait involontairement penser à tout le parti que la France eût pu tirer de ses 500,000 mobiles s'ils eussent été organisés, équipés, habillés et armés avant la guerre. Le bataillon rendit à l'arsenal de Besançon ses armes en parfait état de propreté. Les officiers préposés à ce service déclarèrent que le régiment était le seul qui eût rendu ses cartouches en paquets et ses armes en état convenable.

Le bataillon retourna coucher à ses cantonnements habituels.

17. — Le régiment fut réuni à la même heure que le jour précédent et alla, dans le même ordre, rendre au quartier St-Pierre, à Besançon, ses effets de campement.

Le bataillon retourna coucher à ses cantonnements habituels.

18. — Le licenciement du bataillon ne devait avoir lieu que le 19, et les hommes devaient être formés en détachements par cantons. Chacun de ces détachements, sous la conduite d'un officier, devait se rendre au chef-lieu de ce canton pour, de là, rentrer dans ses foyers. Il fut impossible d'obtenir ce résultat. Les hommes, ayant déjà rendu leurs armes et effets de campement, n'ayant plus rien à faire ni de quoi coucher dans les cantonnements, privés de leurs couvertures et peaux de mouton, grandes gamelles, marmites et grands bidons, et connaissant tous le licenciement imminent, partirent en grand nombre dès le 18. La

proximité des localités où ils devaient se rendre leur faisait abandonner volontiers leur indemnité de route et la gratuité avec laquelle ils eussent voyagé s'ils fussent restés en détachement.

19. — Le 19 au matin, le lieutenant-colonel de Montravel réunit sur les glacis de Besançon ce qui restait du régiment. Les officiers étaient présents, mais la moitié à peine de l'effectif s'y trouva. Le colonel ayant adressé à son corps d'officiers quelques paroles d'adieu, les détachements prirent aussitôt la route qui leur était désignée.

Ainsi se termina, le 19 mars 1871, la première réunion du 1er bataillon de la garde mobile du Jura. Elle avait duré 7 mois et 10 jours.

RAPPORT SUR LE COMBAT DE St-VALBERT (HÉRICOURT)

Au lieutenant-colonel de Montravel, commandant le 55me régiment de marche (Jura).

Fallon (Hte-Saône), 25 janvier 1871.

Mon colonel,

L'état de faiblesse à laquelle m'ont réduit mes blessures m'a empêché jusqu'à présent, ainsi que je le devais, de vous rendre compte de la mission qui me fut confiée devant Héricourt, le 16 janvier dernier.

Ce jour-là donc, mon colonel, au moment même où votre régiment se formait dans le ravin, en avant du village de Verlans, où il avait été cantonné la nuit précédente, je reçus du général Logerot, devant le général de Polignac, les instructions suivantes :

Je devais, avec deux compagnies du 85me de ligne et deux compagnies de votre régiment, me porter immédiatement dans la direction d'Héricourt, afin d'y soutenir les francs-tireurs du commandant de Luppé. Tous ensemble nous devions faire une attaque simulée sur Héricourt, afin de détourner autant que possible l'attention de l'ennemi, qui devait être attaqué beaucoup plus sérieusement sur notre extrême droite. Je devais ne pas ménager les cartouches, afin de faire croire à une attaque des plus sérieuses. Je devais aussi me préoccuper spécialement du cimetière St-Valbert, point, disait-on, d'une importance stratégique assez grande, par rapport à Héricourt. Le général Logerot termina ses instructions en s'en rapportant à moi quant à l'opportunité de l'attaque, de la retraite et des moyens à employer pour l'effectuer.

J'allai aussitôt chercher les deux compagnies du Jura, que je désirais prendre, comme de juste, une par bataillon. Le commandant Michaud m'ayant fait observer que la plupart de ses compagnies n'étaient pas assez nombreuses en hommes, vu l'heure encore trop matinale, je me décidai à prendre les deux compagnies dans mon bataillon. Je choisis la 2me, commandée, en l'absence de son capitaine, par le lieutenant Grenot, accompagné du sous-lieutenant Benoit, et la 3me, commandée par son capitaine, M. Maguy, accompagné du sous-lieutenant Vannier. Je m'adjoignis en outre, avec le consentement de son capitaine, le lieutenant Martin, de la 6me compagnie du 1er bataillon, comptant sur son expérience militaire et sa bravoure éprouvée. J'allai ensuite rejoindre à l'endroit désigné les deux compagnies du 85me. Là, je réunis tous les officiers, leur communiquai mes instructions et entendis leurs observations. Nous nous mîmes aussitôt en marche dans l'ordre suivant : la 2me du 1er du Jura se déploya en tirailleurs en avant sur la droite, soutenue à distance convenable par la 3me ; les deux compagnies du 85me marchaient parallèlement et dans le même ordre, mais sur la gauche. Ces quatre compagnies devaient tourner des deux côtés à la fois le village de Byans, pour prendre ensuite la direction que les circonstances imposeraient. A environ 300 mètres, je trouvai un petit poste de franc-tireurs commandé par un capitaine. Ils avaient bivouaqué sur les lieux et m'assurèrent que Byans avait, dès la veille au soir, été évacué par l'ennemi. Ce capitaine rectifia un peu mon ordre de marche en me faisant connaître, d'une manière plus certaine, la véritable direction d'Héricourt et du cimetière St-Valbert. A ce moment, la position était celle-ci : Immédiatement à nos pieds était Byans ; en face de nous, un peu à gauche, était un mamelon peu élevé qui nous cachait Héricourt ; plus à gauche encore, se prolongeait un étroit vallon menant aussi à Héricourt et séparant le mamelon en question de la montagne sur laquelle était rangée notre brigade ; le soleil était à droite et un peu en arrière de nous. Je m'avançai le plus possible sur le bord du ravin et je criai à mes tirailleurs d'appuyer un peu à gauche. L'épais brouillard qui remplissait le petit vallon m'empêcha de bien reconnaître la position de mes troupes. Néanmoins, elles entendirent mon ordre et s'y conformèrent. Au même instant, la fusillade s'ouvrit brusquement en face de nous sur le mamelon ; les balles venaient jusqu'à nous, mais je ne pus juger, toujours à cause du brouillard, si les troupes étaient aux prises ou si l'ennemi seul tirait. La fusillade devenant très-vive, plusieurs de mes officiers crurent la démonstration suffisante et me conseillèrent la retraite; je venais de la commander à regret, lorsqu'un officier de francs-tireurs me fit remarquer à travers le brouillard plusieurs hommes déployés en tirailleurs qui gravissaient les flancs du mamelon qui nous faisait face. Il m'assura qu'il reconnaissait ces tirailleurs comme appartenant à son bataillon. Je jugeai aussitôt que le commandant de Luppé ayant engagé le feu, il était urgent de le soutenir. Je commandai à la compagnie de soutien du 85me de se porter immédiatement en avant, et nous courûmes tous ensemble jusqu'au fond du petit vallon. Après l'avoir traversé, nous commençâmes à gravir les pentes du mamelon qui nous cachait encore Héricourt. J'y trouvai la compagnie de tirailleurs du Jura, que je lançai en avant pour soutenir les francs-tireurs. Les tirailleurs du 85me faisaient le coup de feu sur ma gauche; la direction de leur feu me paraissant bonne, je ne m'en occupai pas pour l'instant. Un peu plus loin, nous nous trouvâmes mêlés aux francs-tireurs. J'y rencontrai le commandant de Luppé, qui continua son mouvement un peu à ma droite, tandis que je lançai mes troupes dans la direction que je croyais être celle du cimetière St-Valbert. Le mamelon que nous gravissions se composait d'une série de gradins naturels formés de vieux murs, carrières et buissons. Plus nous montions, plus le feu devenait vif. Néanmoins, j'avais bon espoir, car mes hommes montaient encore avec courage.

Arrivé à l'un des avant-derniers gradins qui nous séparaient encore du sommet, il me parut que le feu de l'ennemi n'était plus guère qu'à 150 ou 200 mètres. Je croyais apercevoir par moments, à travers le brouillard, les silhouettes des hommes qui nous tiraient dessus. A ce moment, une grêle de balles frappa l'endroit où je me trouvais. Plusieurs hommes tombèrent autour de moi; je reçus moi-même à la poitrine une balle qui me traversa. Je me relevai, mais pour retomber aussitôt.

A partir de ce moment, mon colonel, je ne puis vous rendre un compte bien exact de ce qui se passa. Quoique n'ayant pas complètement perdu connaissance, la douleur que je ressentais et la perte abondante du sang obscurcirent un peu mes facultés. Ma chute fut-elle le signal de la retraite, ou le mouvement en avant se continua-t-il encore? Je l'ignore. Il me semble pourtant que l'on n'alla guère plus haut. Emporté par des soldats, je me rappelle confusément avoir entendu une voix, que je reconnus pour celle du capitaine Maguy, me demander des ordres, mais je ne sais si je lui répondis : en tous cas, je ne le vis pas. J'aperçus le lieutenant Martin et le sous-lieutenant Benoit, mais je ne saurais dire ce qu'étaient devenues leurs compagnies. La première fois que je me retrouvai en pleine connaissance, j'étais entre les bras des médecins, à Verlans. Par leurs soins, je fus évacué à l'ambulance du grand quartier général, à Trémoin. Le médecin principal, sachant que j'avais des parents à Fallon, m'y fit arriver à grand peine le surlendemain.

Je n'ai rien à vous dire de particulier, mon colonel, sur la conduite que tinrent pendant cette affaire les officiers placés sous mes ordres. Ils me paraissent tous avoir rempli leur devoir. Je reçus personnellement les soins les plus utiles et les plus empressés de l'aide-major Roy, de votre régiment. Je dois aussi me louer infiniment des bontés du capitaine Breune, de la 4me compagnie du 1er bataillon.

Contraint de me cacher ici, j'y suis privé de tout secours médical, excepté celui que je trouve dans ma famille. Au reste, mes blessures, quoique très-graves, suivent un cours régulier. La balle, entrée à quelques centimètres au-dessus du téton droit, est sortie par le dos à quelques centimètres plus bas. Elle ne semble avoir lésé aucun organe essentiel, ce qui me permet d'espérer que ma convalescence sera moins longue que je ne l'avais craint d'abord.

Croyez bien, mon colonel, que je ferai tous les efforts possibles pour rejoindre, dès que je pourrai de nouveau être utile à mon pays.

Je suis avec respect, mon colonel, votre obéissant subordonné.

Le chef de bataillon commandant le 1er bataillon du 55me régiment de marche (Jura),

Le Comte De Vaulchier.

(Reproduction interdite).

POLIGNY, IMP. DE MARESCHAL.

www.ingramcontent.com/pod-product-compliance
Lightning Source LLC
Chambersburg PA
CBHW060557050426
42451CB00011B/1955